AF562847

TUNIS

STATION HIVERNALE

PAR

L. GIRARDET

PARIS
IMPRIMERIE F. CHATELUS
6, RUE DES FORGES, 6

1891

TUNIS

STATION HIVERNALE

TUNIS

STATION HIVERNALE

PAR

L. GIRARDET

PARIS
IMPRIMERIE F. CHATELUS
6, RUE DES FORGES, 6

1891

A M. MASSICAULT,

Résident général à Tunis.

MONSIEUR,

Pour relever la splendeur du grand état africain qui fut la Carthage punique et doit redevenir la Carthage moderne, aussi glorieuse, aussi puissante que son illustre aînée, la France a mis sa main dans celle du Bey de Tunis et vous a désigné pour son porte-parole et son représentant.

Ce n'est pas à nous qu'il peut appartenir de montrer combien fut heureux le choix du Gouvernement et d'entreprendre l'éloge de vos qualités rares d'administrateur et d'homme politique, que chacun de vos actes célèbre plus éloquemment que nous ne saurions faire.

Mais nous pourrons peut-être, répétant ce que dit chacun de ceux de nos nationaux qui ont eu la bonne fortune de suivre de près votre action, affirmer que cette action vigoureuse et sagace saura venir à bout de l'œuvre de relèvement de la Tunisie et placer la Régence au premier rang des États de l'Afrique septentrionale.

Permettez donc que l'humble opuscule, traitant de l'embellissement de la ville de Tunis, vous soit dédié, comme au restaurateur de la fortune et de la gloire de l'ancien pays d'Annibal.

L. GIRARDET.

Lagnieu (Ain), Décembre 1891.

TUNIS

STATION HIVERNALE

AVANT-PROPOS

Située au fond du golfe qui commande le passage étroit placé entre la Sicile et la Tunisie et sépare le bassin oriental du bassin occidental de la Méditerranée, la ville de Tunis, véritable clef de cette Méditerranée où se dispute la conquête du monde, a une importance maritime considérable. Tunis, mise en possession des formidables moyens de défense dont dispose notre époque, c'est en effet la route de l'Orient, aussi bien que celle des Indes par le canal de Suez, fermée aux nations occidentales.

Ceci dit pour montrer l'importance politique du territoire dont tous nos nationaux ne se préoccupent pas au même degré, que d'aucuns envisagent comme une région perdue et inaccessible, oubliant que Tunis est à trente heures de Marseille, nous allons essayer, dans une rapide esquisse, de montrer ce qu'est Tunis, la Carthage des temps modernes, et l'essor magnifique que prend la ville sous la vigoureuse impulsion de ses administrateurs (1) et de développer un projet dont nous sommes l'auteur, qui ferait de Tunis une ville d'hiver incomparable, la plus belle du monde pour les Européens fatigués à la recherche d'un repos réparateur sous le plus doux de tous les climats, ou avides de sensations nouvelles qu'ils ne sauraient trouver nulle part plus sûrement que dans la terre classique des épopées carthaginoises.

(1) Il serait injuste de ne pas attribuer la meilleure part des résultats acquis à M. Massicault, résident-général, à qui on doit, entre autres mesures capitales, la convention douanière, la réforme monétaire, etc., etc.

PREMIÈRE PARTIE

CE QU'EST TUNIS

Tunis ! c'est encore le type de la ville arabe du Moyen-Age ; c'est Tunis la sainte, c'est Tunis la blanche, *la fleur de l'Occident*, comme l'ont dénommée les poètes arabes.

S'étageant sur la pente douce d'une colline verdoyante, ayant au front, comme un diadème, la *Kasba*, elle apparaît comme un rêve oriental à l'étranger qui, du débarcadère, s'y rend en barque (s'il n'a pas pris le chemin de fer de La Goulette) en traversant le lac El-Bahira, nappe immense d'un bleu immobile, éblouissante de lumière,« féerique, dit le commandant Villot, avec ses ibis aux pures couleurs et ses énormes flamands qui, dans leur pose sibyllique, semblent interroger l'avenir ». (1)

---

(1) *Tunis et la Régence*. Challamel aîné, éditeur.

Et le voyageur ébloui, débarquant au quartier de la Marine, un peu étonné de se trouver en plein centre des villes européennes qu'il vient de fuir, s'élance dans la ville arabe pour, du quartier de la Médina, se répandre à son gré, soit au nord dans le quartier Bab-Souika, soit au sud dans celui de El-Djazira.

Le changement à vue est complet. Comme au beau temps des magiciens et des fées dont le coup de baguette enfantait des métamorphoses, la ville indigène apparaît.

Les quartiers juifs et arabes n'offrent pas, certes, le confort et le luxe du quartier européen. Les rues en sont bien un peu étroites, un peu tortueuses, quelquefois même un peu sordides ; mais quels aspects divers dans leurs inextricables labyrinthes, dans leurs bazars, leurs palais mystérieux !

Et, pour n'être pas suspect d'une tendresse exagérée à l'endroit de la cité musulmane, laissons ici la parole à un voyageur d'une indiscutable autorité, M. Cat, inspecteur d'Académie à Constantine.

« Tunis, dit-il, vaut surtout par le détail, et, « pendant quelques jours, le voyageur qui pro- « mène au hasard ses pas dans l'infini dédale des « rues, est émerveillé des découvertes qu'il fait « presque à chaque instant.

« Ici, ce sont les *souks* ou bazars, ruelles tor- « tueuses et presque circulaires au-dessus des- « quelles de longues planches forment une sorte « de toiture, qui garde la fraîcheur en tout temps ; « chaque corps de métier a son *souk* particulier.

« Ailleurs, en dedans même de l'enceinte, dans de « grands espaces vides, déserts, gîtent des milliers « de chèvres ; dans un de ces quartiers qu'on « croirait depuis longtemps abandonné par ses « habitants, au milieu du calme absolu et du « silence, on entend tout à coup comme un grand « bruit d'eau qui tombe, puis on aperçoit un jar- « din, des fleurs, des arbres, un petit coin vert et « frais.

« C'est là que le grand aqueduc, qui amène « à Tunis les eaux de Zaghouan, débouche. Le « flot arrive énorme et faisant grand tapage, et, « de là, se déverse dans les cent dix grandes fon- « taines qui alimentent la ville.

« Partout de l'imprévu et du bizarre : la kasba « en ruines, des murs crénelés et des forts (1) « avec des canons, des vestiges d'une enceinte « plus vieille, ou bien par une porte, comme la « porte Es-Sadoun, une belle perspective sur « tout un coin de ville, rempli de dômes et de « mosquées.

« Presque toutes les maisons, même les plus « sordides, ont dans leurs murs ou une colonne « antique, ou une porte décorée dans le goût de la « Renaissance, ou de fines sculptures mauresques. « Plus ornées encore, quelques mosquées sont, « dans leur genre, de véritables chefs-d'œuvre. « Le dôme de plusieurs est couvert de faïences « vertes, de sorte qu'à une certaine distance, on

---

(1) Ces fortifications remontent à Charles-Quint. (*Note de l'auteur*).

« croirait voir un peu de verdure par-dessus les « rues et les terrasses sèches ». (1)

Il est vrai que comme correctif à toutes ces beautés, l'écrivain que nous venons de citer nous montre dans les mêmes rues, si séduisantes pour l'artiste, une odeur d'huile et de friture et des tas d'immondices qui n'ont rien de flatteur pour l'œil et l'odorat. Mais, depuis dix ans que le blâme a été porté, le tableau a changé et fort heureusement.

Une municipalité laborieuse et dévouée, bien secondée par l'ingénieur de la ville, a fait paver les rues désormais éclairées au gaz et disparaître de la cité les cloaques et les détritus, en organisant un service de voirie très sérieux et surtout en distribuant l'eau à profusion, jusque dans les quartiers les plus reculés,

Sans redouter les inconvénients dont a été victime le nez de M. Cat — en 1882, croyons-nous — l'Européen pourra visiter aujourd'hui, dans la ville arabe, la kasba aux hautes murailles crénelées, dont, en 1535, vingt mille esclaves chrétiens s'enfuirent pour ouvrir à Charles-Quint les portes de Tunis, les nombreuses mosquées aux vitraux peints, aux arabesques capricieuses, aux voûtes nues portées par des colonnes torses provenant en grande partie des marbres précieux de Carthage, les *souks* enfin, si animés et si vivants, bazars des parfums orientaux, des précieuses essences de rose et de jasmin, des étoffes d'or et d'argent, des bijoux, bazars surtout des cuirs, des

(1) *Une excursion à Tunis*, par E. Cat.

selliers-gentilshommes, sans rivaux dans la fabrication des selles brodées d'or aux étriers d'argent.

Et lorsque, ébloui et charmé de sa vision de l'Orient, il redescendra dans la ville basse, le contraste entre le quartier arabe et le quartier européen lui apparaîtra saisissant. Plus de ruelles étroites et bizarrement tourmentées ; partout des voies larges, bien aérées, bien alignées, de larges avenues propres, nettes et bordées de maisons élégantes qui ne dépareraient pas les artères de nos villes même principales. L'*avenue de la Marine* surtout, avec ses six rangées d'arbres toujours verts, large de 60 ou 80 mètres, est une des plus belles promenades que l'on puisse rêver.

Il n'est pas jusqu'aux tramways qui ne donnent à Tunis un air de civilisation, jurant peut-être un peu avec les idées qu'éveillent en l'âme du touriste l'aspect des minarets et des mosquées, toutefois fort rassurant. Ce moyen de locomotion n'est d'ailleurs pas exclusivement goûté des Européens, dont l'abus des véhicules de tout genre et de toute forme a rendu les jambes quelque peu paresseuses et rebelles aux longs trajets ; il l'est aussi des indigènes qui ne dédaignent pas plus de fendre l'air sur nos tramways et nos chemins de fer que sur leurs petits chevaux barbes si alertes et si fugaces.

Le réseau de ces tramways n'est point achevé d'ailleurs, mais sera bientôt notablement accru.

Tel quel, traversant les principales rues du quartier européen, contournant les quartiers arabes, il rend déjà des services fort appréciables, et — nous l'avons dit — fort appréciés.

La liste serait longue des améliorations réalisées déjà par l'habile municipalité qui administre avec un prévoyant souci des intérêts de ses concitoyens les affaires communales. Quelque obligation que nous ayons de nous borner, nous ne pouvons cependant nous refuser le plaisir de citer la construction de marchés, l'édification de maisons d'école de toutes sortes, la construction d'un superbe Hôtel des postes et télégraphes, la mise en exploitation d'un réseau téléphonique, la confection d'un système d'égoûts avec machine élévatoire pour les eaux, remplaçant (et avec quel avantage !) les anciens égoûts du pays, les *kandacs* ouverts et puants, l'achèvement du port, enfin, qui permettra, dans un an environ, aux plus grands navires de commerce d'embarquer et de débarquer en plein cœur de Tunis, voyageurs et marchandises.

Telles sont, à peine indiquées, les principales améliorations apportées à Tunis qui, de par sa situation géographique, est appelée à devenir, en même temps qu'une des plus belles villes du monde, une des cités les plus riches, les plus populeuses et les plus prospères; en un mot, à redevenir ce qu'elle fut autrefois, la rivale jalousée de la Carthage disparue, et disparue, hélas ! aussi complétement que l'avait désiré Caton, lançant de la tribune romaine son cri de haine incessamment répété : *Delenda est Carthago !*

Nous applaudissons des deux mains aux intelligentes améliorations réalisées par l'administra-

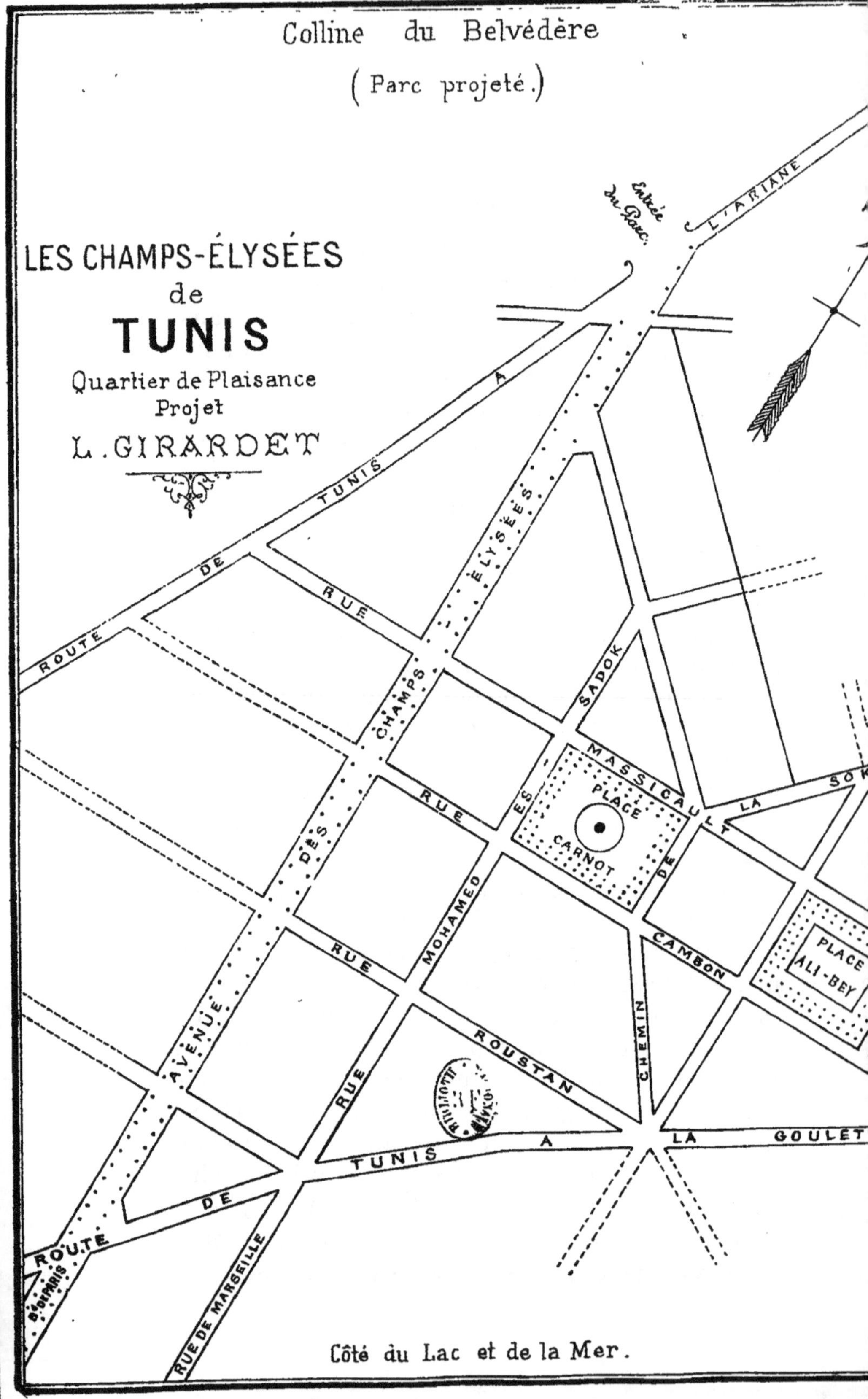

Colline du Belvédère
(Parc projeté.)
LES CHAMPS-ÉLYSÉES
de
TUNIS
Quartier de Plaisance
Projet
L. GIRARDET
Entrée du Parc.
L'ARIANE
ROUTE DE TUNIS A
RUE
AVENUE DES CHAMPS ÉLYSÉES
SADOK
RUE
ES
MASSICAULT
PLACE
CARNOT
MOHAMED
DE
LA
SOK
RUE
CAMBON
PLACE
ALI-BEY
CHEMIN
ROUSTAN
RUE
ROUTE DE TUNIS A LA GOULETTE
Bd DE PARIS
RUE DE MARSEILLE
Côté du Lac et de la Mer.

tion de Tunis. L'amour de la vérité nous oblige pourtant à formuler ici une légère critique :

Pourquoi, dans le tracé des voies nouvelles, n'avoir pas ménagé une seule place ?

Le magnifique monument qu'est l'Hôtel des Postes lui-même se trouve à l'alignement d'une rue très mouvementée et des plus étroites, et nulle part l'observateur ne pourra jeter sur l'édifice un coup-d'œil d'ensemble. Cependant, au moment de la construction de l'Hôtel, des terrains nus se trouvaient en face, qui ne semblaient attendre qu'un square et qui, maintenant, sont couverts de constructions.

Faudra-t-il, dans un demi-siècle, quand on reconnaîtra l'erreur aujourd'hui commise, acheter ces maisons pour les mettre à bas ? Peut-être. Mais alors la pioche du démolisseur découvrira un terrain qu'on eût acheté jadis à vil prix et qui reviendra alors à quelque cinq ou six cents francs par mètre carré de surface. Il serait donc prudent et sage de mettre à profit cette leçon et de ménager dès maintenant des places et des squares.

Peut-être aussi serait-il également prudent et sage de ne pas entasser tous les monuments publics sur un même point de la ville. Du côté de la gare française se trouvent le Palais de la Résidence, le Marché, la Poste, etc. C'est assez d'édifices publics sur la partie sud. On peut dès maintenant prévoir que le quartier avoisinant le Boulevard de Paris deviendra, à bref délai, un des centres de Tunis les plus beaux et les plus fréquentés. Quelques-uns des futurs monuments, qu'on devra élever, comme le Palais de Justice, la Bourse, etc., n'y seraient pas déplacés, et il serait bon sans doute d'en acquérir dès maintenant les emplacements, alors que le prix du terrain n'est pas fort élevé et qu'on a la facilité de ménager autour des monuments futurs des places et des squares qui en faciliteront plus tard la vue et l'accès.

Ces observations présentées, nous devons, répétons-le, louer sans réserve la sagesse de l'administration publique qui a admirablement compris l'importance politique et commerciale de Tunis, dont la situation privilégiée au fond du golfe incomparable qui a pris son nom attirera un vaste commerce maritime extérieur, en même temps que tous les chemins de fer en construction ou en exploitation à l'intérieur, convergeant tous vers le cœur du pays et le foyer de vie, viendront, de toutes parts, lui verser à grands flots les produits variés d'un sol inépuisable où le bétail abonde, où croissent en quantité les céréales, le blé, l'orge, le sorgho, le maïs, où prospère la ramie, où la vigne fournit des raisins magnifiques, où les huiles, les alfas, les dattes, sont des produits d'exportation courante.

Aussi l'avenir apparaît-il brillant. Nous n'en donnerons comme preuve que le chiffre de la population de Tunis, qui, de 120 ou 130,000 habitants à l'époque de l'intervention première de la France, est monté à près de 200,000. Avec une telle progression, une marche en avant aussi considérable, on peut tout espérer, tout attendre du temps.

DEUXIEME PARTIE

CE QUE SÉRA TUNIS

DEUXIÈME PARTIE

CE QUE SERA TUNIS

Ce que sera Tunis est facile à prévoir. Elle peut, aujourd'hui qu'un peuple fort et puissant comme la France veille sur ses destinées, elle doit redevenir ce qu'elle a été sous la domination romaine. Les Romains en effet, épris de son ciel pur, de son climat salubre et sain, où la douce brise de mer vient tempérer les ardeurs du soleil d'été et rendre supportables les mois les plus chauds de l'année : Juillet et Août, séduits aussi par la clémence de ses hivers, venaient, nous dit l'histoire, en Tunisie pour y vivre longtemps et y mourir en paix, loin des orages de la Métropole. On a trouvé des épitaphes signalant des existences de 120 et de 130 ans, et l'Enfida, qui ne comptait alors pas moins de 100.000 habitants et où régnait Aphrodisium dans le luxe d'une civilisation raffinée (1), était en ce temps la patrie des centenaires.

La prédilection des Romains pour ce pays de Tunisie est amplement justifiée. La *Ville du Soleil*, comme les Arabes appellent Tunis dans leur langage imagé, est, sans contredit, un des points les plus salubres du monde. Les maladies épidémiques, peste, variole et choléra, qui déciment les populations sur tant d'autres points du globe, n'y apparaissent que rarement et y font peu de victimes.

Le printemps y est délicieux, et les saisons y ont une grande analogie avec celles de France, d'Espagne et d'Italie. La neige y est très rare, et c'est un événement quand parfois l'on en constate quelques flocons éphémères sur les hauteurs environnantes. En hiver, le thermomètre descend rarement à zéro et marque en général 10, 15 et 20 degrés au dessus.

La douceur du climat, les jardins embaumés avoisinant la ville, les sites merveilleux qui retiennent, charmé, le regard du touriste, font de ce pays enchanteur le rival de celui à qui le poète indulgent voulut bien, dans *Mignon*, accorder :

Un éternel printemps sous un ciel toujours bleu.

L'Européen qui, l'hiver, voudrait fuir les rigueurs de la température, ne trouvera nulle part plus qu'à Tunis un pays salubre et sain, à la température heureusement égale.

---

(1) De ce luxe inouï, prodigieux, il ne reste guère aujourd'hui que le temple de Vénus et la porte d'honneur, que les habitants d'Aphrodisium montrent encore avec orgueil.

Tunis !... mais ce serait le paradis terrestre de l'hiverneur, si l'hiverneur connaissait Tunis.

Et pourquoi ne le connaîtrait-il pas ? Pourquoi retarderait-on plus longtemps la mise en œuvre de toutes ces beautés, l'exploitation de toutes ces richesses climatologiques que la nature a départies avec tant de largesse à ce coin de terre privilégié ?

Pour attirer et retenir l'hiverneur, que faut-il, au surplus ?

Un peu de réclame d'abord, la divulgation de richesses qu'on ignore trop en France, et puis, même à Tunis, même au pays des investigations curieuses et intéressantes au travers de l'histoire, des échappées radieuses sur les épopées puniques et romaines, un peu du confort et du luxe de la vie moderne, un peu de la distraction parisienne surtout. Un casino, un théâtre qui reposera l'étranger de la musique du pays, des poésies lubriques locales, un parc enfin, superbe, où des sociétés musicales donneront des concerts de nuit, bref, un ensemble de distractions mondaines qui sont indispensables pour attirer et retenir les heureux du siècle, les favorisés de la fortune, et qui manquent encore à Tunis pour en faire une incomparable station hivernale.

Il serait peut-être temps d'y songer, aujourd'hui que sont achevés les travaux publics d'une utilité primordiale incontestable, il serait temps de songer, dis-je, à ces deux choses indispensables à toute grande ville : un théâtre et un parc.

Car on ne peut donner le nom de *Théâtres* aux établissements de Tunis qui ont ambitieusement pris ce titre, baraques en bois, sur les scènes mal établies desquelles se donnent des représentations qui ne rappellent l'art dramatique que vaguement et de très loin.

Le parc, de son côté, est peut-être la création la plus indispensable. L'hiverneur veut du soleil, de ce bon soleil de Tunis qui échauffe le corps et l'âme; c'est à la promenade, c'est au parc qu'il devra le trouver, sans fatigue, dans le doux farniente des rêveries solitaires.

Depuis longtemps il est question de la construction d'un parc au Belvédère. Le moment n'est-il pas venu de se mettre à l'œuvre?

L'emplacement d'ailleurs est admirablement choisi. Sur cette colline où l'on jouit d'un merveilleux coup-d'œil, où le regard embrasse, dans un panorama incomparable, la ville dans son ensemble, drapée dans son blanc vêtement, le lac d'azur où le ciel se reflète, la vaste mer avec le cap Bon comme fond et Carthage, dont le souvenir plane aujourd'hui sur des ruines.

On doit à la vérité de dire que la ville, aussi bien que le gouvernement Tunisien, ne recevant aucune indemnité ou subside du gouvernement français et devant opérer avec ses seules ressources il paraît prudent et sage de créer ces ressources et de consulter l'état de ses finances avant de s'engager dans des dépenses capables de troubler l'équilibre de son budget et créer une fausse situation.

Cette prudence a présidé à tous les actes du gouvernement et de la municipalité et on ne peut, en somme, que les en féliciter.

Mais il ne faut rien exagérer, même dans le bien, dit-on.

Maintenant que les ressources arrivent avec le produit des abattoirs, de la manufacture des tabacs, du port bientôt, etc..., il faut absolument mettre Tunis sur un pied d'égalité avec ses aînées d'Algérie.

Et puis ne reste-t-il pas la ressource des impôts, que tous les Européens étaient habitués à payer dans leur pays d'origine? De l'emprunt, qui est un moyen souvent de réaliser les plus grandes choses?

Des dettes! le mot effraie un peu d'abord. Mais quand on arrive à se dire que toutes les villes du monde ont des dettes, depuis les plus grandes cités jusqu'aux plus petites bourgades, et précisément en progression même de leur richesse et de leur grandeur, que c'est par ce moyen qu'elles sont arrivées à croître et à s'embellir, à se rendre intéressantes, agréables et riches, la crudité du mot disparaît devant l'appât de la réalité et la beauté du résultat.

Les intérêts qu'aurait à payer la ville lui seront rendus, centuplés, par les visiteurs, touristes et hiverneurs, qui ne feront plus, comme aujourd'hui, que de traverser la ville, mais prendront plaisir à y faire halte, à y séjourner, et qui sait si, trouvant à Tunis le repos réparateur dont ils avaient besoin, ils n'y deviendront pas le noyau d'une riche colonie étrangère?

La question du parc est donc une question vitale pour les intérêts de Tunis, et qu'il importe de trancher au plus vite.

Avec le parc viendra l'exécution du projet dont nous sommes l'auteur et dont on trouvera le plan ci-joint.

Cette position difficile d'un auteur devant son œuvre nous empêche de formuler sur ce projet une appréciation qui, personnelle, paraîtrait sans doute intéressée. Mais au moins pourrons-nous dire un mot de l'importance de ce projet, que d'autres que nous ont qualifié de *grandiose* et de *magnifique*.

Le projet des *Champs-Élysées* de Tunis comporte la construction, au pied du Belvédère, la riante colline qui abrite Tunis contre les vents du nord, d'une *centaine de villas*, qui viendront se grouper en bas du parc dans une heureuse disposition. Les terrains choisis sont d'ailleurs admirables pour les constructions qu'ils doivent recevoir. S'étageant en pente douce au pied du mont d'où l'on découvre le plus beau des panoramas, excellents pour la création de jardins fruitiers et d'agrément, où pousseront en pleine terre, orangers, bananiers, grenadiers et palmiers, à l'abri (nous insistons sur ce point) des vents du nord dont les protège le Belvédère, ils offrent bien réellement le meilleur emplacement qu'on puisse désirer pour la création d'une station hivernale.

Les futurs Champs-Élysées seront desservis au nord par la route de Tunis à l'Ariane, au sud par celle de la Goulette, et traversés dans toute leur étendue par le *Boulevard de Paris*. Ce boulevard, à qui semble bien due une mention spéciale, aura une longueur de plusieurs kilomètres et sera la plus grande artère de Tunis. Traversant complètement la ville européenne, il mettra Tunis en communication avec les principaux centres de promenades les plus intéressants pour le visiteur. C'est ainsi qu'il unira la route d'Hammam-Lif, célèbre station thermale romaine, aujourd'hui ruinée mais qui ne demande qu'à renaître de ses cendres, à celle de l'*Ariane*, la terre enchanteresse où poussent roses et.... villas, à celle de *La Goulette*, station de bains de mer, à celle enfin du Bardo, résidence d'hiver des Beys de Tunis, où la cour des lions, les salons d'apparât et du baisemain, le harem, la salle du conseil, fastueusement ornée de tapisseries des Gobelins, de tapis Perse, de lampes d'or suspendues à des plafonds d'azur, de marbre et de faïences, de mosaïques et d'arabesques, curieux spécimens du style mauresque, font rêver aux palais des *Mille et une Nuits*.

Le boulevard de Paris à Tunis, ce cera quelque chose comme l'Avenue des Champs-Elysées à Paris, le Prado à Marseille, ce sera l'entrée triomphale du Parc-Promenade.

Malgré tant de titres pompeux bien mérités, sa construction définitive, décidée en principe, n'avance pas, en réalité. Cependant on n'attend que son achèvement pour le border de villas magnifiques, qu'on ne peut actuellement édifier sur une voie boueuse dans la saison des pluies, poussiéreuse en été, toujours privée de gaz, de mouvement, de vie.

Une vingtaine d'hectares sont pourtant entièrement lotis et prêts à recevoir 120 ou 130 villas, gracieusement aménagées, entourées de jardins, reliées les unes aux autres par des rues spacieuses et ombragées, entrecoupées de ci de là de squares et de places dont l'emplacement sera *concédé gratuitement* à la ville.

Tel est le projet Girardet dont, sans qu'il soit besoin d'insister autrement, la municipalité, qui a donné jusqu'ici tant de preuves d'un dévouement intelligent à la chose publique, comprendra toute l'importance, importance qui ne vise à rien moins qu'à donner à Tunis ce qui lui manque encore en luxe et en confort pour en faire la première station hivernale du monde, la plus riche, la plus prospère et la plus fréquentée.

Grandiose et *magnifique* a-t-on pu dénommer ce projet. Et, pour élogieuses qu'elles soient, ces gracieuses épithètes sont-elles si imméritées?

Voyons-le.

Le projet Girardet, faisant sortir de terre les villas délicieuses, les quinconces fleuris et parfumés où la flore africaine luttera de force et de grâce avec la flore occidentale, mettra sur ce sol jusqu'ici réputé barbare la griffe toute puissante de la civilisation parisienne, un luxe magique qui s'aidera, — et combien puissamment! — des beautés de cette nature orientale. Un éblouissement peut-être, mais un charme! Dans cet Eden, pays du rêve, chaque souffle du vent qui aura baisé les roses au passage effleurera le visiteur d'une caresse parfumée, et, sous ces souffles vivifiants, la vie reviendra aux étiolés de nos cités, plus riche et plus abondante que sur les plages les plus renommées de cette Méditerranée qui connaît Nice cependant, Nice et ses roses, que Tunis doit égaler, sinon éclipser tout à fait.

Et ce nom de *Champs-Elysées* donné aux riantes constructions qui pareront le nord de la cité, qu'elles couronneront, comme une aigrette de diamants pare le front d'une reine, a-t-il été jeté là par hasard et fortuitement? Est-ce une appellation quelconque? N'est-ce pas plutôt un symbole?

Les Champs-Elysées qu'ont vantés tous les poètes de toutes les latitudes, que toutes les littératures ont célébrés en prose et en vers, séjour enchanté des élus du paganisme, ont-ils jamais été dotés de merveilles plus séduisantes que n'en aura ce coin de terre privilégié et béni entre tous?

Mais la comparaison paraîtrait ambitieuse. Ne nous y arrêtons point, quoi qu'il ne serait peut-être pas si difficile de montrer que la poésie est faite de rêves, et que, nulle part, le rêve ne pourra, plus librement qu'aux Champs-Elysées de Tunis, déployer sur ses fidèles ses voiles aux changeantes, infinies transparences.

L'étranger qui, de sa villa, se rendra dans le parc ombreux, avec sur sa tête le ciel bleu infini, à ses côtés les tiges arborescentes des solitudes mystérieuses, à ses pieds, le lac, la mer aux horizons sublimes, partout autour de lui les richesses combinées de deux civilisations différentes: les coupoles blanches des mosquées et les terrasses des villas, s'il ne veut pas nourrir sa rêverie du spectacle magnifique que présentent à sa vue la mer, la terre, le ciel, pourra aussi bien à son gré évoquer les souvenirs que l'ossuaire de Carthage est là pour lui rappeler: l'ombre des héros morts pour l'indépendance, les farouches harangues, les batailles navales, les combats sans merci de deux peuples puissants.

Quel rêve en la terre du rêve, et qu'il y a là de quoi faire oublier aux plus acharnés lutteurs des batailles de la vie, les spéculations du jour, le souci des affaires, les ombres de la politique!

Et puis, ce nom de *Champs-Elysées* est surtout un symbole en ce sens qu'il évoquera, à Tunis, le nom de la France et le souvenir de Paris. C'est le luxe de la capitale du monde qu'on aura transporté au tunisien rivage, un morceau de la patrie qu'on devra retrouver là-bas, après avoir passé la mer, la ville des merveilles dans la ville des souvenirs!

Ceci fait, Tunis créée ville d'hiver, devra-t-on s'en tenir là?

Qui sait? L'avenir peut-être réserve bien des surprises à sa favorite africaine, et nous croyons savoir qu'un second projet, plus grandiose encore que celui que nous venons d'essayer de présenter, et tout aussi fécond en résultats certains, est en ce moment à l'étude. Mais nous ne devons pas pousser plus loin l'indiscrétion. A chaque jour suffit sa peine, dit un malin proverbe. Et puis l'exécution de ce second projet est expressément subordonnée à celle du premier dont l'administration comprendra tous les avantages et qui aura tôt fait de réunir les adhésions des capitalistes, si celle de la municipalité est acquise au préalable.

L. GIRARDET.

Tunis, le Chalet, boulevard de Paris.

Novembre 1891.

Imprimerie F. Chatelus, 6, rue des Forges, Paris. — 1347.

www.ingramcontent.com/pod-product-compliance
Lightning Source LLC
LaVergne TN
LVHW020312230826
846091LV00006B/2635